Cómo armar mapas conceptuales

La Bisagra | Buenos Aires | 2014

Fau, Mauricio Enrique
   Cómo armar mapas conceptuales. - 1a ed. - Buenos Aires : La Bisagra Editorial, 2014.
   64 p. ; 17x11 cm. - (Técnicas de Estudio / Mauricio Enrique Fau; 6)

   ISBN 978-987-1719-42-6

   1. Técnicas de Estudio. I. Título
   CDD 371.3

Fecha de catalogación: 12/02/2014

Colección Técnicas de estudio
Director de la colección › Lic. Mauricio E. Fau

Mauricio Fau se graduó en la Licenciatura en Ciencia Política en la Universidad de Buenos Aires, UBA. Cursó también estudios de grado en la Carrera de Derecho de la UBA y en la Carrera de Periodismo de la Universidad de Morón.

Asimismo realizó materias de posgrado de la Maestría en Ciencias Sociales con especialización en Ciencia Política de la Facultad Latinoamericana de Ciencias Sociales, FLACSO.

Asistió a diversos talleres y seminarios en instituciones educativas, entre ellas el Instituto Argentino de Desarrollo Económico, IADE.

Representando a FLACSO participó con una ponencia en las Jornadas Nacionales Nietzsche 1994 y su exposición forma parte del libro alusivo, editado por la Editorial Universitaria de Buenos Aires, EUDEBA. Ha colaborado también con publicaciones vinculadas a las Ciencias Sociales y co-dirigió programas radiales de temática histórico-política.

Profesionalmente, se desempeñó como docente de la Carrera de Ciencia Política de la UBA y actualmente es Director Académico de La Bisagra Editorial y autor de numerosos libros de temática universitaria.

Índice

Estudiar de memoria o comprender lo que se lee: el aprendizaje significativo

El profesor habla. El profesor dicta. El profesor explica. El alumno escucha. El alumno copia. El alumno repite. El alumno memoriza.

He allí el modelo clásico y lamentablemente aún hoy dominante de educación: un alumno pasivo, sin iniciativas, preocupado más por la nota que por entender, reaccionando a estímulos externos, pero con escasa o nula elaboración propia.

Son propios de este modo de estudiar, por ejemplo, los siguientes comportamientos: cumplir con la tarea, memorizar, no reflexionar sobre lo que se está haciendo, tomar cada tema como aislado (del resto de la materia, de otras materias, del contexto en el que los alumnos viven, etc).

En el mejor de los casos, este tipo de educación dominante lleva a un escalón más: la crítica de lo que se estudia. Pero esa crítica, casi siempre es insuficiente y "para cumplir".

El aprendizaje sólo es profundo si el propio alumno lo construye y lo crea. Veamos en este sentido, qué tiene para decirnos la teoría del aprendizaje significativo, proveniente de la corriente llamada CONSTRUCTIVISMO.

El psicólogo y pedagogo estadounidense David Ausubel es el creador del llamado APRENDIZAJE SIGNIFICATIVO.

El PUNTO DE PARTIDA de cualquier enseñanza, según el aprendizaje significativo, debe ser EL CONOCIMIENTO PREVIO del alumno sobre el tema que va a aprender. Es decir, es fundamental saber cuánto sabe del nuevo tema porque ese conocimiento se agregará al conjunto o estructura de saberes previos de quien está aprendiendo.

Dice Ausubel: *"(…) de todos los factores que influyen en el aprendizaje, el más importante consiste en lo que el alumno ya sabe"*.[1]

Lo que ya sabemos sirve de "anclaje" para recibir e incorporar a la nueva información, planteo que se basa en los conceptos de "adaptación", "acomodación" y "asimilación" de J. Piaget.[2]

---

1 Ausubel, D., Novak, J. y Hanesian, H., PSICOLOGÍA EDUCATIVA, Trillas, México, 1976, p. 6.

2 **Adaptación:** acto de equilibrio entre el organismo y el medio, entre el sujeto y los objetos, producto de la interacción de dos mecanismos: la asimilación y la acomodación, lo que da como resultado la transformación progresiva de la estructura mental. A través de la adaptación el organismo aumenta su capacidad de respuesta frente al ambiente que lo rodea. **Acomodación:** adecuación de las estructuras mentales a las nuevas experiencias. Continua transformación del sujeto a partir de las exigencias del medio en el que se desenvuelve. El proceso de acomodación implica una modificación de los esquemas adquiridos de inteligencia preexistentes, a los fines de acomodarse a las nuevas situaciones producidas por la incorporación al organismo de elementos provenientes del medio. En el niño implica una superación de los reflejos hereditarios, por ejemplo, cuando es capaz de identificar y diferenciar al pezón del resto del seno materno. Asimilación: Uno de los mecanismos de adaptación, que se complementa con otro la acomodación. Es aquel por el que un individuo incorpora las experiencias del medio a su organización intelectual. Transformación del medio por acción del sujeto. Por ejemplo, esquema de succión.

Partiendo de esto, existe aprendizaje significativo cuando los alumnos logran establecer relaciones correctas –no arbitrarias– entre lo conocido y lo nuevo. De este modo, el que aprende consigue dos cosas: construir nuevos significados y resignificar lo que ya sabía.

Un aprendizaje significativo requiere: comprender, interactuar, cuestionar, relacionar lo que se estudia con la vida real y cotidiana, analizar la lógica de los argumentos presentes en los textos, tener una visión global de los temas, buscar en lo que se estudia patrones o principios generales, relacionarlo con otros campos de conocimiento, entre otras operaciones.

Todas esas acciones pueden ser realizadas debido a que la nuestra estructura cognoscitiva está formada de conceptos, relaciones entre conceptos y un orden de jerarquía que los ordena.

También se lo puede resumir en una serie de procesos mentales o de pensamiento, necesarios para un aprendizaje realmente digno de llamarse así: observar, comparar, clasificar, reunir y organizar datos, resumir, buscar suposiciones, imaginar, formular hipótesis, interpretar, formular críticas, aplicar principios a nuevas situaciones, toma de decisiones, codificar.[3]

3 Tomado de Ontoria Peña, Antonio, Molina Rubio, Ana y de Luque Sánchez, Ángela, LOS MAPAS CONCEPTUALES EN EL AULA, Editorial Magisterio del Río de la Plata, Buenos Aires, 2005, p. 21.

Qué son los mapas conceptuales

El lector se preguntará qué tiene que ver todo esto con los mapas conceptuales. Pues bien, LOS MAPAS CONCEPTUALES SON UN EXCELENTE RECURSO PARA EVALUAR LOS CONOCIMIENTOS PREVIAMENTE ADQUIRIDOS POR LOS ALUMNOS, ya que revelan al docente la organización cognitiva previa de los estudiantes.

Los mapas conceptuales fueron creados por Joseph Novak con la finalidad de llevar a la práctica el modelo teórico de aprendizaje significativo de Ausubel.

Según Novak, el objetivo del mapa conceptual es *"representar relaciones significativas entre conceptos en forma de proposiciones"*, por medio de representaciones gráficas.

Definición

Norberto Boggino[4] propone la siguiente definición:

Su utilidad es muy variada, ya que pueden servir, por ejemplo, para destacar conceptos claves, establecer relaciones con conocimientos nuevos, descubrir relaciones erróneas o para detectar la ausencia de conceptos relevantes. Sirven también para visualizar conceptos y relaciones jerárquicas entre los mismos.

Pero por sobre todo, dice Novak, *"(…) es un método para ayudar a estudiantes y educadores a captar el significado de los materiales que se van a aprender"*.[5]

---

4 Boggino, Norberto, CÓMO ELABORAR MAPAS CONCEPTUALES. APRENDIZAJE SIGNIFICATIVO Y GLOBALIZADO, Homo Sapiens Ediciones, 5ć edición, Rosario, 2011.
5 Novak, J. y Gowin, D., APRENDIENDO A APRENDER, Martínez Roca, Barcelona, 1988.

Las tres partes fundamentales de los mapas conceptuales

1 > Conceptos

LOS CONCEPTOS HACEN REFERENCIA A OBJETOS, SERES VIVOS, ACONTECI-MIENTOS O CUALIDADES

Pueden ser nombres, adjetivos y pronombres. Por lo general, los conceptos SE ESCRIBEN EN IMPRENTA MAYÚSCULA Y SE COLOCAN DENTRO DE UNA ELIPSE (también llamada nodo u óvalo):

Por ejemplo, "perro" y "pulgas". También pueden ser expresiones conceptuales, que tienen más de una palabra: "clases sociales", "fluido eléctrico", etc.

2 > Palabras enlace

*TODAS LAS PALABRAS QUE NO SON CONCEPTOS SON PALABRAS ENLACE
O CONECTORES*

Pueden ser verbos, preposiciones, conjunciones, adverbios, etc. SE ESCRIBEN JUNTO A LA LÍNEA QUE UNE CONCEPTOS O SOBRE ELLA:

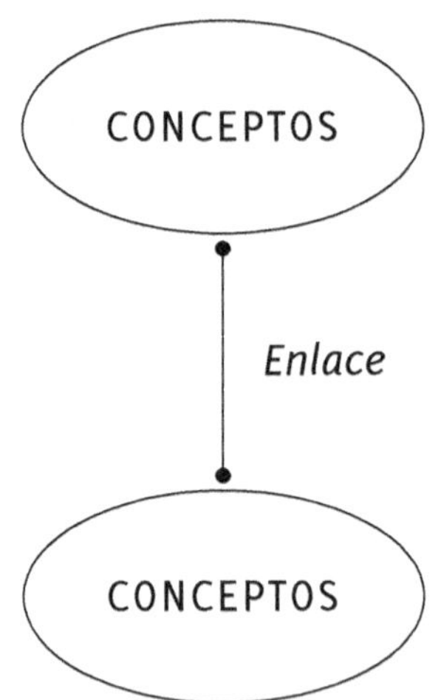

Por lo general, es más fácil encontrar conceptos que palabras enlace, ya que aquellos están escritos en el texto que leemos, mientras que a los conectores hay que adaptarlos o crearlos.

Veamos un ejemplo: en un texto puede decir, digamos "un cuaderno consta de hojas, lomo y tapa". Esto lo podemos trasladar a un mapa conceptual adaptando la palabra enlace:

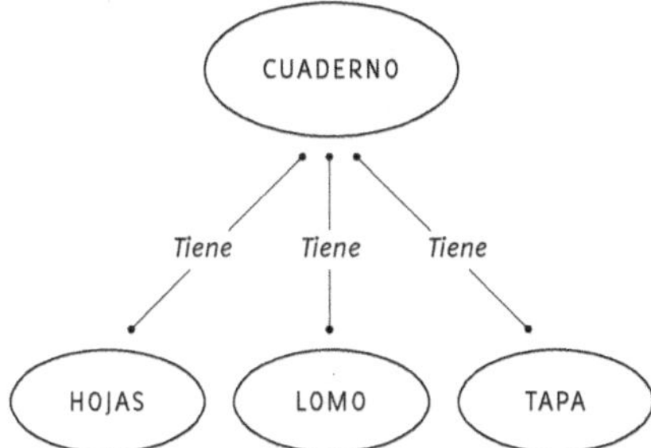

Cambiamos "consta" por "tiene".

Pero también es posible practicar creando un conector una palabra clave para cada concepto:

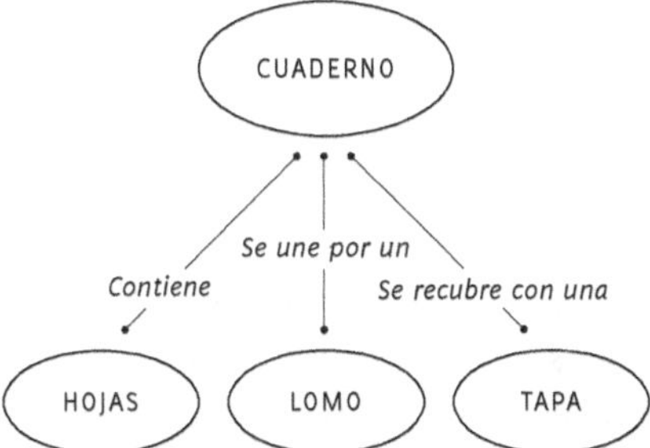

Esta práctica es muy recomendable por dos motivos: favorece la creación de ideas y enriquece el lenguaje.

3 > Proposiciones

LA UNIDAD DE UN CONCEPTO CON OTRO POR MEDIO DE UNA PALABRA ENLACE FORMA UNA PROPOSICIÓN, ES DECIR, UNA UNIDAD SEMÁNTICA O UNIDAD CON SIGNIFICADO

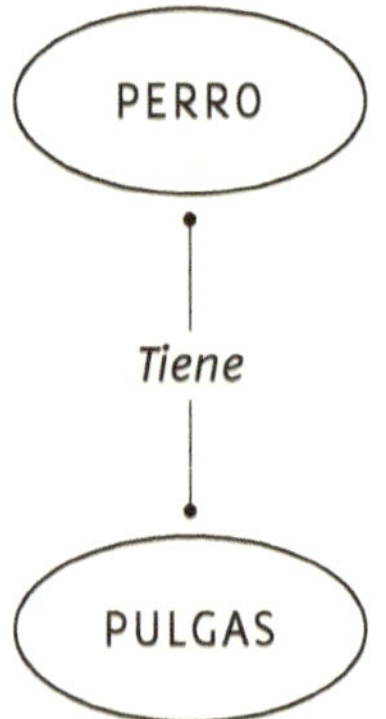

La unión de dos conceptos ("perro" y "pulgas") por medio de una palabra enlace ("tiene") forma la mínima unidad de un mapa conceptual. Es decir que el ejemplo "el perro tiene pulgas" es el MAPA CONCEPTUAL MÍNIMO.

Veamos si ampliamos un poco nuestro mapa conceptual aplicando la frase "el perro tiene pulgas, hambre y sueño":

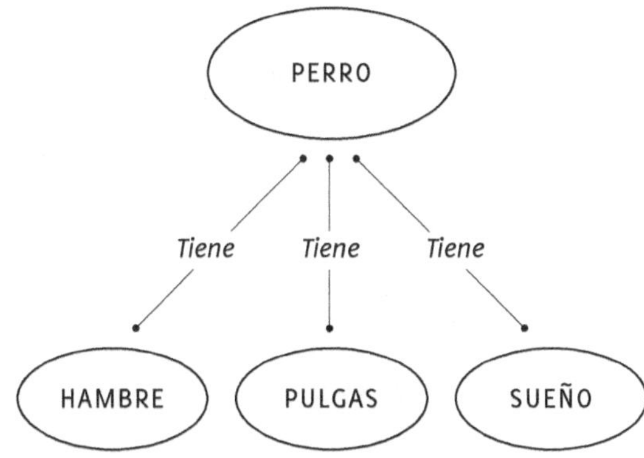

En este caso, vemos que la palabra enlace se repite.

PARA TENER EN CUENTA

* EN CADA ELIPSE se coloca UN SOLO CONCEPTO
  o expresión conceptual

* LOS CONCEPTOS NO PUEDEN UTILIZARSE
  COMO PALABRAS ENLACE

* LAS PALABRAS ENLACE NO PUEDEN UTILIZARSE
  COMO CONCEPTOS

* Los CONCEPTOS se escriben EN MAYÚSCULA

* Las PALABRAS ENLACE se escriben EN minúscula

* Las PALABRAS ENLACE pueden ser UNA, VARIAS diferentes
  O LA MISMA (repetida)

* PUEDEN USARSE COLORES O DIBUJOS para mejorar
  el impacto visual del mapa

* Se aconseja que el mapa tenga POCOS CONCEPTOS

* Los CONCEPTOS sólo deben aparecer UNA VEZ en cada mapa

* CONCEPTOS MÁS PALABRAS ENLACES FORMAN expresiones
  o frases con significado, es decir, PROPOSICIONES

* Los EJEMPLOS (incluidos los nombres propios) se colocan
  ABAJO Y SIN ELIPSE

* Si se hacen RELACIONES CRUZADAS (HORIZONTALES)
  conviene usar FLECHAS

Características
de los mapas conceptuales

✺ **IMPACTO VISUAL** › a simple vista, se pueden ver
los conceptos y las relaciones centrales de un tema

✺ **POCAS PALABRAS** › lo que importa es el orden en el que
esas palabras se muestran y las líneas que las unen

✺ **JERARQUIZACIÓN** › arriba, lo más general; abajo,
lo más particular

Momentos teóricos en la construcción
de un mapa conceptual

✺ DIFERENCIACIÓN PROGRESIVA entre los conceptos viejos
y nuevos › implica la asimilación de nuevos conceptos
a los conocimientos previos

✺ RECONCILIACIÓN INTEGRADORA › implica que los
conocimientos previos y el orden jerárquico de ideas
se reacomodan al incluir a los nuevos conceptos

✺ REESTRUCTURACIÓN COGNOSCITIVA › incorporación
de nuevos significados

Pasos para armar un mapa conceptual

* **PASO 1** › LECTURA INICIAL O RÁPIDA del texto para ver
  de qué se trata

* **PASO 2** › LECTURA COMPRENSIVA CON SUBRAYADO de ideas
  (marcar con un color o elipse la idea principal y con una
  línea las secundarias)

* **PASO 3** › IDENTIFICAR IDEAS principales, secundarias
  y detalles

* **PASO 4** › IDEA PRINCIPAL (lo más general) arriba
  y al medio dentro de una ELIPSE

* **PASO 5** › IDEAS SECUNDARIAS (derivadas de la idea
  principal) dentro de una elipse

* **PASO 6** › CONECTORES entre ideas principal y secundarias
  (utilizando una línea)

* **PASO 7** › EJEMPLOS (lo más particular), sin elipse

Siempre conviene ARMAR UN BORRADOR, ya que las revisiones van a ser muchas antes de presentar el mapa definitivo.

Además, Novak destaca que los mapas conceptuales son "de goma"; esto significa que los conceptos pueden cambiar de jerarquía y por lo tanto de lugar.

Mapa conceptual: partes, características, funciones, relaciones[6]

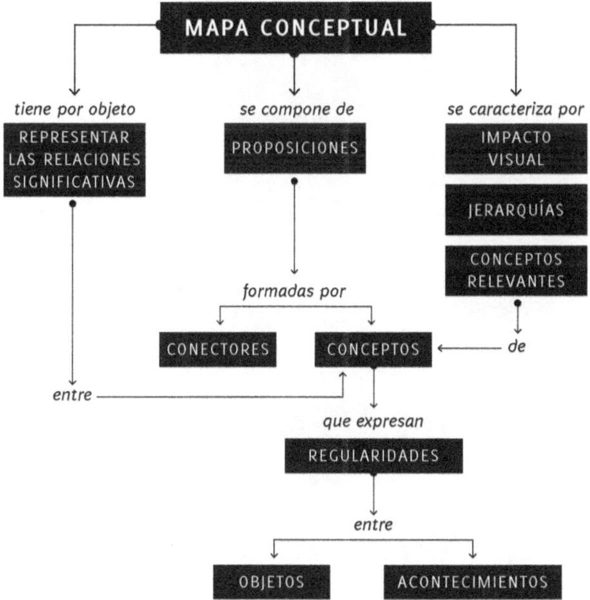

También se puede aplicar un PASO ADICIONAL: RECONS-TRUIR EL TEXTO A PARTIR DEL MAPA CONCEPTUAL, lo que refor-zará la comprensión del tema estudiado.

---

6 Tomado de Boggino, op. cit., p. 22.

¿Para qué pueden servir los mapas conceptuales?

La utilidad del uso de mapas conceptuales es múltiple. Algunos de los USOS MÁS IMPORTANTES son lo siguiente:

* En primer lugar, como ya vimos, sirven PARA INDAGAR acerca de los CONOCIMIENTOS PREVIOS del estudiante Y las RELACIONES que logra establecer entre los conceptos

* Derivado de ello, los mapas conceptuales permiten al docente EVALUAR cómo marcha el proceso de APRENDIZAJE. Esto es posible porque no permiten la memorización

* También pueden ser útiles para usarlos a modo de "andamio" o "esqueleto" PARA COMPRENDER las nuevas informaciones presentes en LOS TEXTOS a leer

* Y para el docente puede ser de gran apoyo PARA PLANI-

FICAR LOS CONTENIDOS a enseñar, dándoles la forma de estructura o trama interrelacionada

* Se los puede ver como ANÁLOGOS A LOS MAPAS RUTEROS: si en éstos lo que se unen son lugares, en los mapas conceptuales lo que se relacionan son conceptos

* Por último, son de gran utilidad PARA CONSTRUIR SIG-NIFICADOS

* En cuanto a los momentos del estudio, SE LOS PUEDE USAR ANTES (para saber qué conocen los alumnos de un tema), DURANTE (el docente puede dar como tarea en clase el armado de un mapa conceptual, ya sea en forma individual o grupal) O DESPUÉS (usándolo como síntesis y repaso del tema estudiado)

Mapa conceptual y mapa cognoscitivo o mental

¿Qué diferencia a un mapa conceptual de un mapa mental o cognoscitivo? Respuesta: el carácter social del primero e individual del segundo.

Esto implica que un mapa elaborado a partir de las ideas y conocimientos previos de los alumnos, no sea un mapa conceptual sino un mapa cognoscitivo, dado que dicho mapa no expone los saberes propios de una disciplina científica sino la representación que el sujeto se hace de esos saberes (representación subjetiva).

Como consecuencia de lo anterior, tendremos tantos mapas cognoscitivos como individuos participen en el armado. Esto es así porque cada alumno volcará sobre el mapa sus conocimientos previos, formados por ideas, hipótesis o teorías infantiles (en el sentido de no científicas).

¿Significa esto que los mapas cognoscitivos no sirven? Nada de eso: el docente los considera un punto de partida, ya que con ellos podrá observar qué conceptos acerca de un tema nuevo los alumnos comprenden con las herramientas que ya tenían y cuáles no. Y también podrá detectar qué relaciones entre conceptos podrán establecer los alumnos y cuáles no.

De la suma de los conocimientos previos y de los nuevos conocimientos, deberá surgir –como superación del mapa cognoscitivo– el mapa conceptual, que deberá incluir los saberes propios de la ciencia a la que un tema estudiado corresponda.

Críticas más comunes a los mapas conceptuales

Entre las afirmaciones más cuestionadoras sobre la real utilidad de los mapas conceptuales, encontramos a las siguientes:

❉ NO SE PUEDEN APLICAR A TODAS LAS MATERIAS › la CRÍTICA es FALSA ya que, si bien es cierto que es más sencillo de aplicar para el caso de las ciencias llamadas duras (física, química, matemática, etc), debido a que utilizan un lenguaje más uniforme o menos ambiguo, también es posible aprovecharlos para las ciencias humanísticas o sociales. Es más: el hecho de que en las ciencia blandas haya más de un significado posible para muchos de sus términos, puede llegar a convertirse en una ventaja, ya que puede favorecer la elaboración de un pensamiento creativo, pluralista e independiente

❉ LLEVAN DEMASIADO TIEMPO Y TRABAJO › TAMPOCO ES CIER-

TO: una vez realizados, los mapas conceptuales implican un extraordinario ahorro de tiempo, ya que habilitan a hacer repasos dinámicos y rápidos, a comprender mejor las ideas y a reforzar la autoestima de los estudiantes a medida que le van "tomando la mano" a la técnica

❋ EMPOBRECEN LA EXPRESIÓN › NO ES VERDAD: si con los mapas conceptuales se comprenden mejor los textos, ideas y conceptos, esto implica –al contrario– un enriquecimiento del vocabulario y de las ideas. El uso de conectores tal vez sí fuerce cierto empobrecimiento conceptual y de léxico, pero esto puede subsanarse con los mencionados ejercicios de modificar las palabras enlace

❋ SE BASAN EN UN ESTILO DE APRENDIZAJE VISUAL › Esto es CIERTO, pero puede compensarse armando mapas conceptuales grupales, en donde predomine lo auditivo (los alumnos y el docente dialogan, intercambian ideas y se comunican de un modo no visual, aunque luego lo vuelquen en el mapa visible).

En síntesis, y como afirma Boggino, "(...) *lo más significativo de los mapas conceptuales es la fuerte estructuración de los conceptos y proposiciones en el marco de una unidad semántica. La construcción de un mapa conceptual requiere, necesariamente, una importante labor constructiva, ya que deben seleccionarse los conceptos clave, jerarquizarlos y relacionarlos.*"[7]

---

7 Boggino, op. cit., p. 29.

Utilidades de los mapas conceptuales de acuerdo con la edad de los alumnos

> ¿Mapas conceptuales en el jardín de infantes?

EL docente de educación inicial puede usar los mapas conceptuales COMO UN JUEGO MÁS, como algo divertido y participativo. Veamos cómo.

Lógicamente, LOS NIÑOS MÁS PEQUEÑOS CARECEN DE UN PENSAMIENTO CENTRADO EN CONCEPTOS, por lo que al docente se le hará "cuesta arriba" enseñarles a seleccionar, organizar, jerarquizar y relacionar conceptos.

De acuerdo con Piaget, los niños del jardín se encuentran en el segundo estadío, el del PENSAMIENTO PREOPERATORIO,[8] es decir, un pensamiento concreto y prelógico.

---

8 Según Piaget, La segunda etapa comienza con el lenguaje y abarca hasta los 7 u 8 años, es el período de representación preoperatoria. Aquí, más precisamente entre el año y medio y los dos años, se produce en el niño la capacidad de representar algo por medio de otra cosa; lo que se llama función simbólica. Esto es el lenguaje. Un sistema de signos sociales por oposición a los signos individuales. También existen otras manifestaciones de la función simbólica como el juego, la simbólica gestual, el comienzo de la imagen mental o imitación interiorizada. Todo este conjunto de simbolizaciones hace posible el pensamiento. Piaget remarca que las acciones que han permitido algunos resultados en el terreno de la efectividad material, no se pueden interiorizar en forma inmediata; se trata de reaprender en el plano del pensamiento lo aprendido en el plano de la acción. Esta reestructuración es lo que toma este tiempo de 7 u 8 años.

Como los niños del jardín no saben leer, PARA ARMAR MA-
PAS CONCEPTUALES TENDREMOS QUE UTILIZAR OBJETOS CON-
CRETOS, DIBUJOS, FOTOS, FIGURAS Y SÍMBOLOS GRÁFICOS: veamos, por ejemplo, el término conceptual "útiles escolares", al
cual podemos representar con la siguiente imagen:

Pues bien, podemos armar un mapa conceptual muy sencillo con estos tres útiles: lápiz, goma y tijera. Graficaremos
así la expresión conceptual "Algunos útiles son la tijera, la
goma y el lápiz":

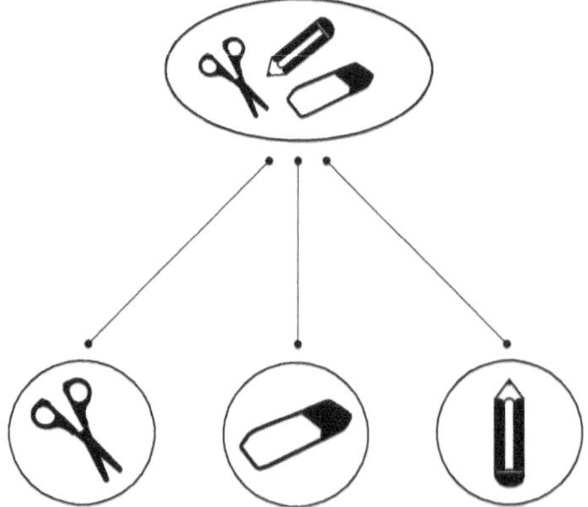

Aunque en rigor no podemos hablar en este nivel de comprensión de conceptos, los niños sí comprenderán las nociones de "inclusión" y "jerarquización": "útiles" incluye a "tijera", "lápiz" y "goma" y está en una jerarquía superior; de allí que se ubique al tope del mapa. En el lenguaje de los niños, hablaremos de la inclusión diciendo que un concepto está "dentro" de otro y de la jerarquización diciendo que un concepto está "arriba" o "abajo" de otro.

Por todas esas razones, y porque la intervención del docente es en este nivel muy activa, es que hablaremos, no de mapas conceptuales, sino de MAPAS PRE-CONCEPTUALES.

› Los mapas conceptuales en la educación primaria

Si bien la educación general básica puede considerarse como categoría en sí misma, se hace indispensable subdividirla al menos en dos o tres etapas.

Los chicos de primer grado, por ejemplo, mantienen aún un pensamiento muy cercano a los del jardín, aunque comienza su fogueo en la alfabetización. A medida que vamos avanzando, el manejo del lenguaje de letras se consolida, en segundo y tercer grados. Es allí cuando la elaboración de mapas cognoscitivos puede dar un salto.

Desde cuarto grado en adelante, los niños tienen ya un pensamiento conceptual y operatorio, lo que implica la destreza para conceptualizar y establecer relaciones. Habrán logrado la madurez suficiente como para diferenciar en forma consciente a los conceptos respecto de los objetos y acontecimientos, es decir, habrán logrado representaciones mentales.

El docente debe tener en cuenta que en la medida en que avanzan en la primaria, los chicos van desarrollando el pensamiento operatorio, pero todavía ligado a lo concreto.

Si continuamos con el ejemplo propuesto para el jardín de infantes, lo que haremos para el caso de los niños de primero-segundo grado es incorporar –junto con las imágenes– a la palabra escrita.

Dado que son sus primeros pasos en la formación de conceptos, la idea es usar frases cortas con la siguiente estructura: concepto-palabra enlace-concepto.

El mapa conceptual puede quedar así:

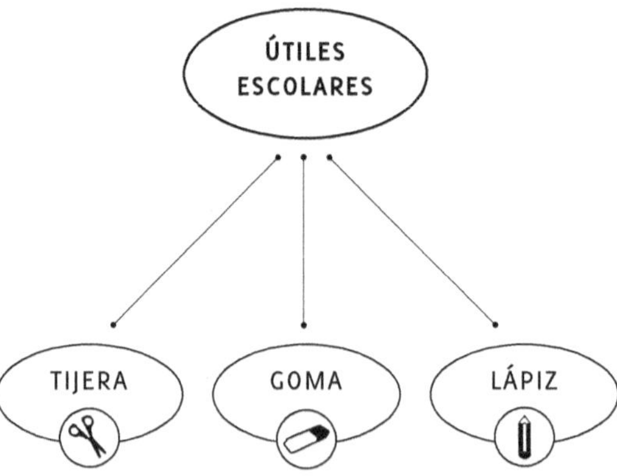

A medida que vamos avanzando, los chicos de tercer-cuarto grado ya estarán en condiciones de armar mapas conceptuales con varios niveles de diferenciación y prescindiendo de las imágenes.

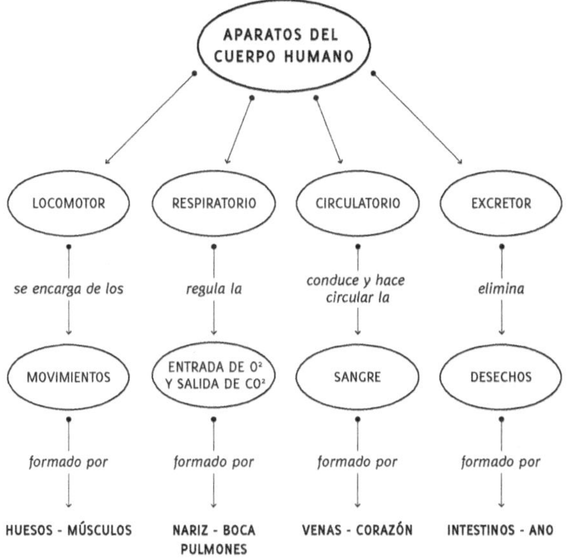

Como ejercicio adicional, podemos pedir a los alumnos que modifiquen la palabra enlace, repetida en el ejemplo cuatro veces. Así, pondremos "formado por" una vez, y utilizaremos otros conectores como: "sus partes son", "se compone de" y "está constituido por".

› Mapas conceptuales en la educación secundaria

La adolescencia es la puerta de entrada al pensamiento ló-
gico formal, de modo que la herramienta de los mapas conceptuales nos puede servir para ir formando una mentalidad
universitaria o superior que capacite a los alumnos para nuevos desafíos.

En este nivel los chicos SE VAN LIBERANDO cada vez
más DE LO CONCRETO y desarrollan la CAPACIDAD DE HACER
RECONCEPTUALIZACIONES.

Como pasos prácticos, la idea es partir de una lista de palabras y que los alumnos diferencien si se trata de objetos o
hechos. También deberán considerar aquellas palabras que
no son conceptos y que pueden servir como conectores o palabras enlace.

Paso seguido, será el momento de seleccionar los conceptos fundamentales y luego clasificarlos en forma jerárquica,
desde los más abarcadores o generales hasta los más especí-
ficos, terminando el mapa, si así se quiere, con un ejemplo,
es decir con un caso particular. Los conectores les servirán
para establecer las relaciones. Veamos un posible ejemplo[9]:

---

9 Tomado de https://luisamariaarias.files.wordpress.com/2011/06/reglas-de-acentuacic3b3n-mapa-conceptual.
jpg?w=500&th=321

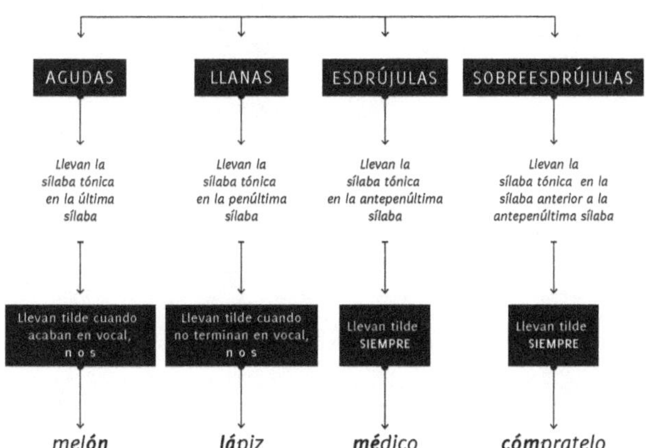

REGLAS GENERALES DE ACENTUACIÓN

Las palabras, según el lugar donde lleven la sílaba tónica, pueden ser:

AGUDAS
LLANAS
ESDRÚJULAS
SOBREESDRÚJULAS

Llevan la sílaba tónica en la última sílaba
Llevan la sílaba tónica en la penúltima sílaba
Llevan la sílaba tónica en la antepenúltima sílaba
Llevan la sílaba tónica en la sílaba anterior a la antepenúltima sílaba

Llevan tilde cuando acaban en vocal, n o s
Llevan tilde cuando no terminan en vocal, n o s
Llevan tilde SIEMPRE
Llevan tilde SIEMPRE

melón
lápiz
médico
cómpratelo

El uso de los mapas conceptuales para análisis más profundos

Otra cuestión importante: en el nivel secundario estamos en condiciones de que los alumnos trabajen MAPAS CONCEPTUALES DESDE DISTINTOS ÁNGULOS O PUNTOS DE VISTA.

Las combinaciones son innumerables, pero pondremos aquí tres ejemplos:

a) ARMAR MAPAS CONCEPTUALES DE UN MISMO TEMA PERO DESDE DISTINTOS ASPECTOS › por ejemplo, con el tema "drogadicción" podemos armar un mapa conceptual que tome en cuenta las consecuencias en la salud (por ejemplo, la afectación de la lucidez), otro que describa las implicancias sociales (por ejemplo, el uso de gente pobre o desocupada para transportar cocaína) y un tercero que plantee las cuestiones económicas (por ejemplo, el dinero que ganan los narcotraficantes)

b) RELACIONAR DOS O MÁS PARTES DE UN MAPA CONCEPTUAL PARA ARMAR UNO NUEVO › usando el ejemplo de los aparatos del cuerpo humano, podemos armar un mapa que relacione el aparato respiratorio con la sangre (que necesita de oxígeno y depende, por lo tanto, del buen funcionamiento del aparato respiratorio)

c) DAR TEXTOS CON ENFOQUES DIFERENTES SOBRE UN TEMA › por ejemplo, se puede armar un mapa que compare Los análisis de las causas de la desocupación y las propuestas para combatirla provenientes de tres economistas (digamos, uno liberal, uno estatista y uno marxista). Desarrollaremos este tercer punto.

Supongamos que en la materia economía nos proponen distinguir diferentes enfoques sobre las causas que originan la desocupación en nuestro país y las posibles soluciones o políticas a implementar por las distintas escuelas económicas y los partidos políticos.

Podemos proponer a los alumnos leer un artículo periodístico que describa una charla-debate de la reciente campaña electoral entre tres economistas, pertenecientes a escuelas económicas distintas, por ejemplo, el liberalismo, el estatismo y el marxismo. En dicho artículo se explica que estos profesionales eran voceros económicos de distintos partidos políticos en competencia electoral. El economista liberal representaba al PRO, el estatista al Frente Para la Victoria y el marxista al Frente de Izquierda y de los Trabajadores.

El artículo propuesto podría describir los puntos centrales del debate, relatando que cada uno de los economistas atribuyó el desempleo a una causa principal distinta y antagónica con la de sus colegas. Así, el economista liberal sostuvo que la causa de la desocupación se originaba en un desequilibrio entre la oferta y la demanda en el mercado laboral. El economista estatista, por su lado, afirmó que el desempleo se explicaba por un abuso de libre mercado, sin regulaciones o intervenciones del Estado. Finalmente, el economista marxista, atribuyó la falta de trabajo a una deliberada política de la clase capitalista para deprimir el salario de los trabajadores que sí tenían empleo.

Consultados sobre qué salidas proponían al problema, el liberal expuso que el mercado debe autorregularse, de modo que llegue a un punto de equilibrio entre demanda y oferta de trabajo. El estatista criticó ese punto de vista, sosteniendo que el Estado debía intervenir en el mercado laboral, por ejemplo, por medio de un subsidio al desocupado. Y el marxista propuso el reparto de las horas de trabajo sin afectar los salarios.

Veamos cómo podríamos armar nuestro mapa conceptual:

LA DESOCUPACIÓN
según un
según un
según un
LIBERAL
ESTATISTA
MARXISTA
causada por el juego de
producida por un
necesidad de los empresarios de
OFERTA Y DEMANDA
EXCESO DE LIBRE MERCADO
BAJAR SALARIOS
el mercado debe producir una
el Estado debe paliar con
los trabajadores deben imponer el
AUTORREGULACIÓN
SUBSIDIOS DE DESEMPLEO
REPARTO DE LAS HORAS DE TRABAJO
partido político con estas ideas
partido político con estas ideas
partido político con estas ideas
PRO
FRENTE PARA LA VICTORIA
FRENTE DE IZQUIERDA

Grados de profundidad en la comprensión

No todas las operaciones en el armado de los mapas conceptuales tienen el mismo grado de profundidad. Algunas requieren un grado de comprensión mayor.

Ese grado de dificultad puede ir desde la acción más sencilla –dar un ejemplo– hasta la más compleja –establecer relaciones cruzadas entre conceptos–, pasando por el armado de proposiciones y jerarquías.

Analicemos estos grados de profundidad siguiendo el ejemplo de los economistas y la desocupación.

Lo más sencillo: buscar ejemplos

El nivel básico en el armado de mapas conceptuales es el de identificar ejemplos (si es que los hay, claro). En nuestro caso, los partidos políticos a los que pertenecen las ideas planteadas por los economistas: el PRO, el FPV y el FIT.

Las proposiciones; conceptos que se relacionan con conceptos

Una idea. Otra idea. Una palabra que las enlaza. Concepto, palabra de enlace y otro concepto conforman en conjunto a una proposición.

Un posible ejemplo tomado del mapa conceptual sobre el tema desocupación, puede surgir del siguiente párrafo del artículo leído: "El economista del PRO afirmó en la charla debate que el juego de la oferta y la demanda en el mercado laboral debe producir una autorregulación", afirmación que expresamos de la siguiente manera:

Jerarquización

Establecer jerarquías entre los conceptos supone un grado mayor de comprensión y de elaboración. En nuestro ejemplo, el juego de "oferta y demanda" (concepto más amplio) incluye una "autorregulación" (concepto más específico). Es por este motivo que "oferta y demanda" se coloca arriba y "autorregulación", abajo.

El máximo grado de comprensión: el establecimiento de relaciones cruzadas

Si ya logramos identificar ejemplos, armar proposiciones con los conceptos y las palabras enlaces y establecer una jerarquía de lo general a lo particular, entonces estamos en condiciones de llegar al paso más importante desde el punto de vista de la profundidad en la comprensión y del aprendizaje significativo.

La producción de relaciones cruzadas entre conceptos de un mapa conceptual revela en el alumno un grado de comprensión superior.

MIENTRAS QUE AL IDENTIFICAR EJEMPLOS, CONCEPTOS, PALABRAS ENLACES, PROPOSICIONES Y JERARQUÍAS, AÚN NOS MANTENEMOS EN UNA ACTITUD PASIVA RESPECTO DEL TEXTO, AL ARMAR RELACIONES CRUZADAS ESTAREMOS PLANTEANDO NUEVOS PROBLEMAS, EN UNA ACTITUD ACTIVA

Por ejemplo, el alumno puede –partiendo del mapa conceptual armado– "ir más allá" y hacer relaciones que los economistas no plantearon en la mencionada charla: por ejemplo, un subsidio implica la acción del Estado sobre el mercado, lo que acaba con la autorregulación. Y el reparto de las horas de trabajo elimina la necesidad de subsidios, ya que permite trabajar a todos. Veamos cómo mostrarlo en nuestro mapa:

Como se puede observar en el mapa conceptual LAS RELACIONES CRUZADAS (HORIZONTALES) SE SEÑALAN CON UNA FLECHA ⟶ para diferenciarlas de las jerarquías normales (VERTICALES).

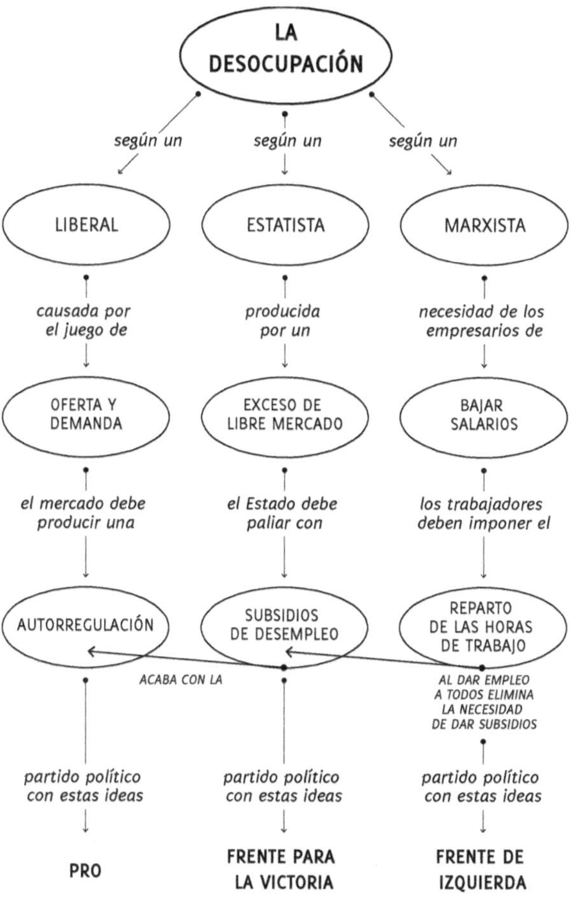

LA
DESOCUPACIÓN
según un
según un
según un
LIBERAL
ESTATISTA
MARXISTA
causada por
el juego de
producida
por un
necesidad de los
empresarios de
OFERTA Y
DEMANDA
EXCESO DE
LIBRE MERCADO
BAJAR
SALARIOS
el mercado debe
producir una
el Estado debe
paliar con
los trabajadores
deben imponer el
AUTORREGULACIÓN
SUBSIDIOS
DE DESEMPLEO
REPARTO
DE LAS HORAS
DE TRABAJO
ACABA CON LA
AL DAR EMPLEO
A TODOS ELIMINA
LA NECESIDAD
DE DAR SUBSIDIOS
partido político
con estas ideas
partido político
con estas ideas
partido político
con estas ideas
PRO
FRENTE PARA
LA VICTORIA
FRENTE DE
IZQUIERDA

Otra manera de analizar la profundidad en la comprensión, al utilizar mapas conceptuales

Es posible establecer, desde otra mirada, distintos niveles de profundidad en la comprensión de los mapas conceptuales.

› De memoria, no

Un primer nivel, el más básico, sería aquel en el que SE ESTUDIA EL MAPA CONCEPTUAL DE MEMORIA. Se lo memoriza, fijando mentalmente conceptos, palabras enlace y jerarquías. O se lo copia del pizarrón.

Esto significa que SE TRATA DE UN MAPA ELABORADO POR OTRA PERSONA y por lo tanto que NO CUMPLE CON EL OBJETIVO DE UN APRENDIZAJE SIGNIFICATIVO, tal como lo plantea la escuela constructivista.

› Incorporar ideas de otros, sí

Cuando el alumno lee un texto y busca las ideas principales y secundarias para relacionarlas, ya estamos en presencia de un trabajo PROPIO. Sin embargo, LAS IDEAS SON AJENAS. EL ALUMNO NO CONSTRUYE IDEAS: se limita a reorganizar la información que recibió de otro. Lo cual no está mal, de ninguna manera, si le sirve como un primer paso hacia un aprendizaje significativo.

› Tus ideas, mis ideas, mis nuevas ideas

Al nivel superior en el trabajo con mapas conceptuales se llega cuando EL ALUMNO no sólo extrae y reorganiza las ideas del autor de un texto, sino cuando –además– integra dichas ideas con las suyas propias –el conocimiento previo que el alumno tenga del tema–, piensa y LLEGA A CREAR SUS PROPIOS CONOCIMIENTOS.

Mapas conceptuales
y cuadros sinópticos

Los CUADROS SINÓPTICOS son CLASIFICACIONES de conceptos en forma secuencial e inclusiva. Se leen de izquierda a
derecha y contiene "ejemplos de" determinado tema.

*LA DIFERENCIA FUNDAMENTAL DEL CUADRO SINÓPTICO EN RELACIÓN CON LOS
MAPAS CONCEPTUALES ESTÁ DADA EN QUE LOS CUADROS NO USAN CONECTORES
QUE RELACIONEN CONCEPTOS. LOS CONCEPTOS ESTÁN AISLADOS UNOS DE OTROS,
ENCERRADOS EN CUADRÍCULAS*

Así, mientras que en un cuadro sinóptico sólo pueden co-
locarse los conceptos sin relación entre ellos, por ejemplo los
planetas, en los mapas conceptuales es posible establecer relaciones entre, digamos, la Tierra y Marte.

Algo similar ocurre con los MAPAS SEMÁNTICOS, que son
ORGANIZADORES GRÁFICOS EN FUNCIÓN DE UNA IDEA O CONCEP-
TO CENTRAL, por ejemplo, "pato":[10]

---

10 Tomado de http://www.eduteka.org/imgbd/22/22-10/DiagramaVennAmbientesAprendizajeGran.gif

Los mapas semánticos se utilizan para analizar textos, ya sea como guía inicial de la lectura como de organizador posterior. La idea es que a partir de esa idea central surjan varias líneas de trabajo, como puede observarse en el gráfico de arriba.[11]

El objetivo estará logrado, si con los mapas semánticos los alumnos logran relacionar sus conocimientos previos con la nueva información y mejoran y amplían su léxico.

Finalmente tenemos a las REDES CONCEPTUALES[12], que al igual que los mapas conceptuales y semánticos organizan la

---

11 Con leves variantes, la misma función la cumplen los llamados Diagramas de Venn.

12 El concepto de red conceptual se vincula con la teoría psicolingüística de Noam Chomsky acerca del lenguaje.

información a fin de evaluar los conocimientos previos de los estudiantes. La diferencia con los mapas conceptuales es que las redes UTILIZAN NODOS (sustantivo o sustantivo + adjetivo) y expresiones que las relacionan. Otra diferencia es que USAN FLECHAS, que guían el orden de lectura de la red. Veamos un ejemplo[13]:

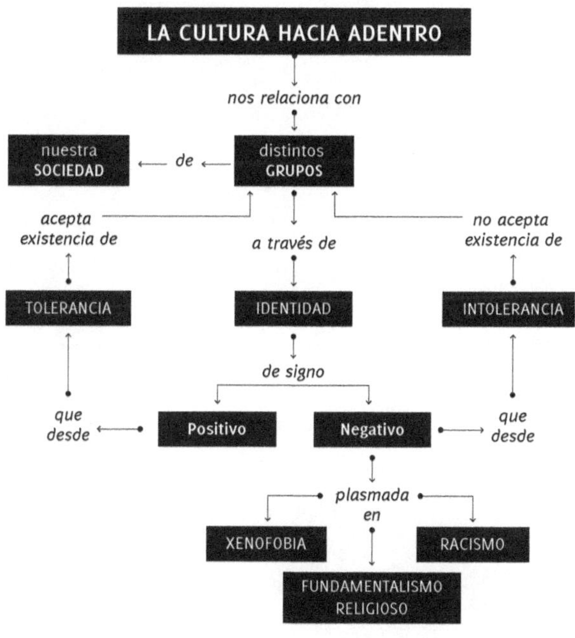

13 http://www.eduteka.org/imgbd/22/22-10/DiagramaVennAmbientesAprendizajeGran.gif

Diferencias entre los mapas y las redes conceptuales

* El mapa encierra en cada elipse un solo concepto; la red usa frases largas en un mismo rectángulo

* Las redes no usan palabras enlace porque relacionan frases con significado completo (lo cual se expresa por medio de flechas). Como vimos, los mapas conceptuales sí utilizan conectores

* Los mapas conceptuales tienen jerarquía gráfica vertical, mientras que las redes relacionan conceptos en todas las direcciones posibles

* El sentido vertical de las relaciones en los mapas conceptuales se marca con líneas, mientras que en las redes es necesario poner una flecha que indique qué proposición incluye sobre otra (de no ponerse la flecha, no se sabría si A influye sobre B o B sobre A

En los mapas conceptuales, un concepto más abarcador se relaciona verticalmente hacia abajo con otro concepto abarcado por el primero. En las redes los conceptos se relacionan sin necesidad de subordinarse entre sí.

Bibliografía

- Ausubel, D., Novak, J. y Hanesian, H., *PSICOLOGÍA EDUCATIVA*, Trillas, México, 1976.

- Boggino, Norberto, *CÓMO ELABORAR MAPAS CONCEPTUALES. APRENDIZAJE SIGNIFICATIVO Y GLOBALIZADO*, Homo Sapiens Ediciones, 5ć edición, Rosario, 2011.

- Cochetti, Stella Maris y Valdettaro, Teresita, *CÓMO ENSEÑAR TÉCNICAS DE ESTUDIO EN LA ESCUELA PRIMARIA*, en EL GRAN LIBRO DE LA PRÁCTICA DOCENTE, capítulo 8, Tinta Fresca, Buenos Aires, 2011.

- Fau, Mauricio, *PIAGET*, La Bisagra Editorial, Buenos Aires, 2010.

- Ontoria Peña, Antonio, Molina Rubio, Ana y de Luque Sánchez, Ángela, *LOS MAPAS CONCEPTUALES EN EL AULA*, Editorial Magisterio del Río de la Plata, Buenos Aires, 2005.

- Saucedo, Ana Laura, *TÉCNICAS DE ESTUDIO*, volumen 4 de la colección ME SACO UN 10, Círculo Latino Austral, Colombia, 2011.

NOTAS